अपौरुष्य

वैभव सुन्दर

Copyright © Vaibhav Sunder
All Rights Reserved.

This book has been self-published with all reasonable efforts taken to make the material error-free by the author. No part of this book shall be used, reproduced in any manner whatsoever without written permission from the author, except in the case of brief quotations embodied in critical articles and reviews.

The Author of this book is solely responsible and liable for its content including but not limited to the views, representations, descriptions, statements, information, opinions and references ["Content"]. The Content of this book shall not constitute or be construed or deemed to reflect the opinion or expression of the Publisher or Editor. Neither the Publisher nor Editor endorse or approve the Content of this book or guarantee the reliability, accuracy or completeness of the Content published herein and do not make any representations or warranties of any kind, express or implied, including but not limited to the implied warranties of merchantability, fitness for a particular purpose. The Publisher and Editor shall not be liable whatsoever for any errors, omissions, whether such errors or omissions result from negligence, accident, or any other cause or claims for loss or damages of any kind, including without limitation, indirect or consequential loss or damage arising out of use, inability to use, or about the reliability, accuracy or sufficiency of the information contained in this book.

Made with ♥ on the Notion Press Platform
www.notionpress.com

संस्कृत भाषा के लोगों से और उनके ही लिए

क्रम-सूची

प्रस्तावना

यह खण्डनीय और हीन होता है जब हम वर्गों और गुटों में बाँट कर बात करें, दूसरी लिपि के लोग, नईऔर समय-मिश्रित छोटी गलतियों से, बाहरी और इतिहास के लोग अपनी रोटी सेंक लेते हैं।

जब अँगरेज़ गए तो दो बातें हैं - अंग्रेजी के सीखे बिना उनको समसझ कर आगे नहीं बढ़ सकते, ज़्यादातर लोग चिन्हित चीज़ों में उलझते हैं - पैसे की लूट, अथर्व वेद पर टिपण्णी और मनु स्मृति पर आक्रोश। जब ये सब छूटा तो पैसा कमाने की होड़, अगर वह नहीं तो सोशल और राजनैतिक उत्तरदायित्व के मारे एडमिनिस्ट्रेशन और पालिसी आदि में फांस हम ये भूल रहे हैं की अभिनवगुप्त के बाद, फ़ारसी से कश्मीरी में क्रांति उपरांत, अंग्रेज़ों के जाने के बाद, हम संस्कृत उतनी अच्छी नहीं जानते जितनी अँगरेज़। जो की अभी भी एक प्रकृत भाषा है।

इसी तरह, जब अंग्रेजी मिज़ाज़ से समझ खंडन करते हैं तो उर्दू-तुर्क में उलझ जाते हैं - आज के नस्लवाद में भूरा और गोरा जैसा यवनी बचपना भरा पड़ा है। रसायनशास्त्र में racemic शब्द मिलता है।

अगर उससे भी आगे जा पाएं - और इस समय तक गुट्ठी भर लोग बचते हैं हर पीढ़ी के आज कल तो काशी और प्रयागराज , रौशन और गिलान वाद और बारा वफ़ात और मंगोल खल्ख पार कर पाएं तो या तो पंजाबी हैं या रूसी। क्यूंकि देहलीज़ के आगे देहलीज़ हैं। और शाक्य देहलीज़ तक शाक्य ही पहुँच पाएँ हैं। अगर आज कुछ संस्कृत पे कृत्रिम न लिखना होता तो ये कहने में शोक नहीं होता की अँगरेज़ और फ़ारसी (तक्षरण) भी संस्कृत जानते थे (रूस - ऋषिक्षेत्र/हृषीक्षेत्र)पर हमने उन्हें और पूरी दुनिया को अपनी बात बताने में हमेशा देरी करी।

अभी भी लोग सबाल्टर्न और गोंडा-बहराइच में फ़्रांसीसी derrida को देवनागरी में लिख रहे हैं। बराबरी के नाम पर मुसलमानो और ईसाईयों को हरिजन का दर्जा देना कम से कम कतिपय और घिनौना है। दाशराज़ बताने से पहले अगर आर्य समाज जैसे सरलीकरण और संस्कृत में अनगिनत टिप्पणियों की किताबें हटा, ब्राह्मण-क्षत्रिय अगर

कविता संग्रह छापना छोड़ते तो कायस्थ अनंद तो कम से कम प्राप्त होता। ऐसा हरगिज़ नहीं हुआ, अभी तक। व्याकरण पर और व्याख्या पर ९०% चौखम्भा संस्करण बिक रहे हैं। ये भ्रष्ट आचरण ही है की हम बार-बार यवनी युक्तेश्वर गिरी की तरह आगे स्वर्ग-सतयुग की कल्पना में लीन हैं। जब पृथ्वी मिटने को हो रही तब भी production is pollution पर लटके बचे हैं।

भूमिका

"Those who can do, those who cannot, teach" - George Bernard Shaw in his 1905 stage play Man and Superman

"[on The Turin Horse (2011)] You are doing always the same thing every day, but every day is a little bit different, and the life is just getting weaker and weaker, and, by the end, disappears. This is what this movie shows you." - Béla Tarr, Hungarian film director

"मातृ देवो भव।

पितृ देवो भव।

आचार्य देवो भव।

अतिथि देवो भव॥"

पावती (स्वीकृति)

मेरे लेखन का कारण हमेशा मेरा पुत्र है, मेरी गलतियों को कारण हमेशा मैं। क्यूंकि जब बिजली कड़कती है तो पेंड़ के नीचे नहीं खड़ा हुआ जाता!

आमुख

"Instead of committing suicide, people go to work."
— Thomas Bernhard, Correction

1

क्रांति और चन्द्रकला

अगर अनहद नाद किताब में कृष्ण विरचन के आलावा और कुछ भी है तो वह है बौद्धों पर छुपा लोचन। अगर खल्ख से बल्ख पॉडकास्ट में और कुछ भी है तो वह है आचार्य हेमचन्द्र (गुजरात) का सोमसिद्धान्त से हारना और इसलिए जैन सम्प्रदाय पर लोचन। आम कथावाचकों की तरह मैं इन दोनों से दूर नहीं हूँ, और वो दोनों मुझसे निकटता से बात करते आये हैं। मैं उनके बीच रहा हूँ।

अगर एक बात में इस किताब का आक्रोश रखना हो तो - अगर आप हरिजन जो अपग्रेड कल्चर में फंस देख आज अटके हैं को बिना सिख बनाये आगे बढ़ा दो तो मैं यह किताब तुरंत फैंक दूंगा। क्यूंकि अगर आपको अरुण शौरी और जगजीत सिंह को सुनकर उनकी बात सगझ आये तो ये बात मनुस्मृति की नहीं, ये बात सामाजिक व्यवस्था की नहीं, लड़ाई आंबेडकर के समय से किस चीज़ में क्या value है? पर है। इस पर बहुत चर्चा है - सोना, चांदी, हीरे, अन्न और the art of motorcycle maintenance जैसी जापानी प्रतिक्रियाएं।

2

अंतःकरण, कतिपय और चाहमान

इसीलिए श*यत हटा कर अगर हम धन-समृद्धि में जीवन जिएं तो उसका कोई वाकया नहीं। अंग्रेजी और जर्मन एक समान हैं। कश्मीर और पंजाब को अगर हम नहीं बचा पाए तो और कोई नहीं बचा सकता।

शुद्ध वैदिक समय काल में द्रविड़ जो की हमितो-सुमेरियन भाषाओं का पूर्वी सिरा है हमेशा "other" हैं। उर्दू नहीं। आज भी। "पतंजलि के अनुसार व्याकरण का मुख्या प्रयोजन ही वेद-रक्षा है" - ऋग्वेदीय सुबन्तपदों का व्युत्पत्ति-चिंतन (डॉ. बनारसी त्रिपाठी) आगे पतंजलि पर काशिका और क तंत्र में भेद पढ़िए।

गरीब का प्रगति और "रजिस्ट्रेशन समाज" से क्या द्वेष है? उसे सामूहिक पाप लिए बिना पैतृक उद्धरण चाहिए, जो की पिछले ५०० साल के इतिहास में नरसंहार से ग्रसित है। यह बनिया तक (घसीट लिपि) आदि तक ही ज़्यादा प्रबल है।

3

काषाय और कश्यप, लुम्बिनी और स्त्री(जया)वार

फ़ारसी में महाराष्ट्र का ज्योतिष है अगर जैन के आगे जाएं (गुजरात में भी) और जैरो अंग्रेज़ी से जापानी और अमेरिकी दुनिया दिखती है, उनके आगे रुसी और उनका "other" शाम या सीरिया है।

और अगर मंगल ने बुद्ध परास्त नहीं किया होता तो बार-बार शनि की मार से बृहस्पति विनय पिटिका में नहीं टूटता जाता।

(जो की आजीविक से अलग संप्रदाय हैं)

The three generation and seven generation "sets" and their cyclical, material historical presentations especially amidst pre-1700(CE) West to East movements and East to West movements. Post 1700, this is rapidly changing (diluted) by populace.

It took 3,00,000 years for human population to reach one billion, in last two hundred years it reached 8 billion.

4

वैष्णव और वृक्ष अभी भी उत्तम हैं

उसके तने से निकली गोलाकार rings समय ही नहीं स्पंदन का प्रतीक हैं। और इसीलिए अगर logarithms को अंगुष्ठ पे न्यास कर लें तो जीवित गणित की शुरुआत होगी।

दो अच्छे स्रोत -

Descriptive Catalogue of Pancaratragama Academy Of Sanskrit Research, Melkote

वैखानसागमकोश: Vaikhanasa Agama Kosa (Set of 11 Volumes) Rashtriya Sanskrit Vidyapeetha, Tirupati

5

त्रिकोण गणित तपोभूमि में ही विकसित किया जाना चाहिए

त्रिकोण गणित का उपयोग सिर्फ अज्ना चक्र में ही किया जाता है। इस पर आर्कमिडीज की "ऑन फ्लोटिंग बॉडीज" बहरी विचरण और कुण्डलिनी को पर्याप्त है। अन - संस्कृत में सांस। Fact patterns in learning.

Sarx (Greek: σάρξ) flesh, जालौन - तुर्की में झंडा, पर्जन्य - रूद्र-एक गन्धर्व (छः में) का नाम

देवरोहण - बौद्ध अभिप्राय

अवार भाषा (रूस और ईरान बीच पहाड़ों पर) गॉव - वो जिसकी बात हो रही है

AYSUH मेडिसिन में - प्रज्ञा अपराध, कल्प अपराध, असतमैंद्रीयार्थ संयोग

Thymarides (Thyme-Thymus-Water Chestnuts) called the "the one" as a a beginning of monads, beginning of

"temporal numbers"
oc - yes in Old Occitan
मंजाव - Mojave, हिमवंत - Pamir, अज्यों - Eruv - आरज्यावलभ - Albania
श्वभ्रा - Shiraz, अर्हता - नाव (पंजाबी)
Nuraghe - नक्षरथ (Maltese)
Хорват - to guard
Black Sea - The Sea in Gk. and Lt.
White Sea - Murman Sea - Vienanmeri (Kartvelian) - Oster (Vienne)- Ustramar (Far.)- ओष्ठआसंद
Pomorsky- Pomorski- पर्जन्य समुद्र (Viking, Old Russian)
Ἀκτίς - ray, radial (Gk.)
अंगुष्ठ - Southern Hemisphere
Род-Rodinia-रूद्रकः (Rudaki in C. and S. Asia)
Culture eats strategy for breakfast - A Saying for those who like Mandukya Upanishada

6

Lattice structures, समय और सर्जरी

अगर किसी चीज़ को काटकर देखने से ही उसकी समझ होती तो सब आसान था। भले ही दवाईयां जान बचती हैं - पर अगर शरीर पर शल्य चिकित्सा नहीं की जाये तो सर्पों के लोक नहीं दिखेंगे और Dante Aligheri की ज़रुरत नहीं पड़ेगी। चक्षु खोल कर नहीं देखें तो काफ्का की तरह लिखना नहीं पड़ेगा।

ह्य्द्रोकार्बॉन्स और जिन्न जुड़े हैं

7

हिज़्र के बिना रौशनी नहीं

"Everybody wants to go to heaven, but nobody wants to die."

— Joe Lewis

यह एक बात है की जोशीमठ में अब जाके शंकराचार्य विराजमान हुए। यह एक और बात है की शाक्त मत अब कमज़ोर होगा और कुब्जिका तंत्र (नेवाड़ी) और करपात्री महाराज और काशी का श्रीविद्या तंत्र अब नयी दिशा लेगा।

Endocrinology और Carotenoids में अभी बहुत कुछ मिलना बाकी है

सारस्वत की शुरुआत गौड़ से नहीं होती, शारदा ब्राह्मण का कलंक बौद्ध नहीं

धर देवी, जीना देवी (कौल्य) से सीखें खुद

वेद में श्रृंखला -

रुद्राष्टक और कारक - ये नोस्ट्रेटिक और प्रोटो इंडो यूरोपियन जैसी चीज़ों को यवन बनाता है. 'I'rab. छंद. This is there in Gaelic-Irish today.

Once you liberate the Persian inside this is where to start - विषुव से ऋतु उत्पन्न and take forward to your own choices. If you absorbed the Slavs - Ullučaj river, Maxačkala city of Daghestan is one place easy for the zil. MahesanaKutchKala, Bhagirathi.

Turkic-Altaic-

Can (soul, life) \lll Gyan (soul/life) \lll Vyana (Sanskrit).

Çadır (tent) \lll Çhattra (Sanskrit) \lll Çhadayati (to cover).

Pilav (pilaf) \lll Pulaka (rice bowl) or Pula (heap).

Tav (heat) \lll Tapayeiti (to heat) \lll Tapati.

ऐसे बुनियादी त्रयी है सब गीता की, ajna उपरांत, refinement of fire to ascetica, this also becomes parlance only. The removal of Alam-e-Khalkha. Or exponential movements. 4 वेदों से 4 उप वेदों की उत्पत्ति, स्वर और पाठ क्रम से, जैसे MG Rime tables में 4 tone से 4 और tones आती हैं. 3x3 काल अंग्रेजी में। कालकाशी Caracas (वहां और माओरी आदि में फ़ारसी है). कलाकुनलुन Shaksgam शाक्यग्राम।

If you want to pull this to the sole-heel of Indochina - learn the crossed D of Vietnamese. "F,J,W,Z" are not used in native Vietnamese words.

Mishma - This noun derived from the verb shama means "a hearing," "report," "rumor," or "a thing

देवाचन और पैत्रालय -

- अपोक्लिमा -

   1. *(NPTEL के लेक्चर्स)*
   नुक्लेअर एनर्जी - पॉउलोस पॉउलोस
क्वांटम कंप्यूटिंग - देबब्रत गोस्वामी
   2. मैट्रिक्स एनालिसिस और एप्लीकेशन - IIT रुद्रकी
   3. हिल्बर्ट स्पेस
   (यूट्यूब पर)

- प्रातिमोक्ष -

   स्पेक्ट्रोस्कोपी ऑफ़ आर्गेनिक कंपाउंड्स - पी एस कलसी
   किब्बर क्रिस्टल क्रिप्टोग्राफ़ी पेपर *(पोस्ट क्वांटम)*

- अग्र -

   1. रीमान सर्फेस
   2. नोईथर थ्योरम से -
   दशरूपकम्: *The Dasarupaka with the Commentary of Dhanika and Dasarupa from Bharatiya Natyasastra* (Vidyadheesha Post-Graduate Sanskrit Research Centre, Bangalore)
   उत्क्रान्तिसारः कदरमण्डलगि कान्तेशाचार्येण विरचितः उत्क्रान्तिस्वरूपनिरूपणं विमर्शश्च- *Utkranti Sara: Composed by Kadaramandalgi Kanteshacharya in Sanskrit Only* (Vidyadheesha Post-Graduate Sanskrit Research Centre, Bangalore)

3. गिआनो कार्लो विक थ्योरम से -
Kalikrama and Abhinavagupta - Navjivan Rastogi

- वेद -

    Sama 1. ऊहरहस्यगानम्: Uha-Rahasyagana of Samaveda Kouthumasakha2. ऊहरहस्यगानम्: Uha-Rahasyagana of Samaveda Ranayaniyam by Girijaprasad Shadangi 3. Subramania Sarma, Chennai 2006 (http://www.sanskritweb.net/samaveda/) Gramegeya-Gana (Village Song-Book), 331 pages, Aranyaka-Gana (Forest Song-Book), 120 pages, जैमिनीय ऊह ऊषाणी: दशमं कुसुमम् (ऊहरहस्यगानम्)- Jaimineeya Uha Ushanee by Girijaprasad Shadangi, Jaimini-Śrauta-Sūtra with Bhavatrāta's Vṛtti and Śrauta-Kārikā by Asko Parpola

- Atharva 1. अथर्ववेदिया पैप्पलादसंहिता: Paippalada Samhita of The Atharvaveda (Part-II)
  by दीपक भट्टाचार्य (Dipak Bhattacharya) अथर्ववेदिया पैप्पलादसंहिता: Paippalada Samhita of The Atharvaveda (Part-IV) by दीपक भट्टाचार्य (Dipak Bhattacharya) 4. अथर्ववेदिय-कौशिक- ग्रह्सूत्रम संस्कृत एवं हिन्दी अनुवाद The Kaushik Grhya Sutra of the Atharvaveda श्री by ठा. उदयनारायण सिंह: (Shri Tha. Udayanarayan singh) 5. अथर्ववेदीयं-वेतन श्रौतसूत्रम (छात्र उपयोगी तातपर्यव्याख्यासहितम्: Atharvavediyam: Vaitana-Srautasutram by Dr. Narayan Hosmane

- Yajur 3 . हेत्वाभाससामान्यनिरुक्तिप्रकरणम्: Hettava Bhasamanya Nirukti Prakarnam
  by Chief Editor Srinivasa Varakhedi 2. Sukla Yajur Veda Jata Patha by Sri. Parasurama Ghanapatihgal 3. सांख्यसंग्रह: by श्री विन्धेश्वरी प्रसाद द्विवेदी
  4 . महाभाष्यगत कृदन्तप्रकरण और शिवरामेन्द्र सरस्वती by

Brajendra

- Rig ऋग्वेदसंहिताः Rigveda Samhita (Bashkala-Ashvalayana - With Shankhayana (With Sanskrit-English-Hindi Prefaces, Adorned with a Sequence of Mantras, Original Only) by Amaldhari Singh, Bharatiya Books, Varanasi

www.ingramcontent.com/pod-product-compliance
Lightning Source LLC
Chambersburg PA
CBHW022043150726
47990CB00004B/1600